27
Lin 7151

I.

UN
AMI DE VOLTAIRE
A MONSIEUR
D'EPRÉMESNIL,

Neveu de Mr. de LEYRIT *& Conseiller*
aux Enquêtes du Parlement de Paris

Au Sujet d'un Plaidoyer qu'il a prononcé au
Parlement de Rouen contre le Général
LALLY & contre son Fils Mr. de
TOLENDAL.

DANS CE PLAIDOYER

On outrage gratuitement la Mémoire de
Mr. de VOLTAIRE.

A LONDRES,
Et se trouve
A PARIS,
CHEZ L'ESPRIT Libraire, au Palais Royal.

1780.

EPIGRAPHE.

Si j'avais l'honneur d'être picard ou champenois, & d'être le fils d'un traitant ou d'un fourniſſeur de Vivres ou d'un commis à la compagnie des Indes, je pourrais moyenant douze à quinze mille écus, devenir moi ſeptième le maitre abſolu dé la vie & de la fortune de mes concitoyens : on m'appelerait Monſieur dans le protocole de mes confrères, & j'appelerais les plaideurs par leur nom tout court fuſſent-ils des Chatillon & des Montmorenci & je ſerais le tuteur des Rois pour mon argent. C'eſt un excellent marché. J'aurais de plus le plaiſir de faire bruler tous les livres qui me déplairaient & je commencerais par celui de mon adverſaire.

VOLTAIRE.

RE'PONSE,
De Mr. A. à Mr. B.

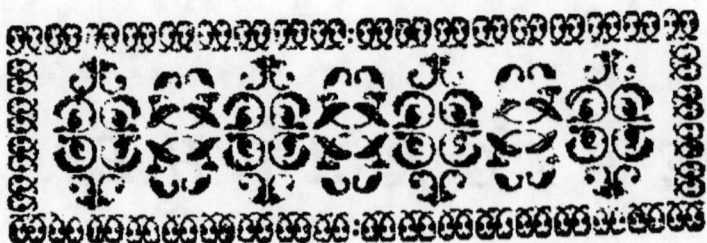

UN
AMI DE VOLTAIRE
A MONSIEUR
D'EPRÉMESNIL

Neveu de Mr. DE LEYRIT, *& Con-*
seiller au Enquêtes du Parlement
de Paris.

Q U'un Auteur dont la tragédie
a été jouée neuf ou dix
fois, qui a remporté deux
ou trois prix de phrases
dans une Académie ou de qui les Ouvrages ont obtenu une Sepulture hcno-
rable dans un de ces immenses recueils

dont

dont l'Europe eft inondée, que cet Auteur fe croit un grand homme, qu'à la vue des honneurs rendus au genie il foit furpris de ne point les partager, & qu'il s'en Venge par des Calomnies: qu'un Licentié en Droit qui achete un Office, fe croit un perfonage, qu'il méprife un fimple particulier qui n'a que des talens & point d'Office, qu'il s'irrite de voir ce particulier être plus grand que lui dans l'opinion, & qu'il s'en venge par des Libelles juridiques; tout cela eft dans la nature des Auteurs, & des pourvus d'Office; & plus cette jaloufie eft odieufe & ridicule plus nous fommes forcés d'eftimer ceux que leur bon fens & l'elévation de leur ame en ont préfervé.

Mais cette jaloufie eft elle la caufe de l'acharnement avec lequel, après avoir pourfuivi un grand homme pendant fa longue & glorieufe cariére, on s'acharne fur fes manes, on fait à fon

cada-

cadavre les infultes qu'on n'a pû faire
à fa perfonne ? non fans doute.

Ariftophane étoit jaloux de la gloire
de Socrate. Anitus & Melitus, étoient
bleffés de voir le fils de Sophronime,
un fimple Philofophe plus confidéré
dans Athenes qu'un pontife de Mi-
nerve ou qu'un Aréopagite. Mais
cette longue fuite de Manœuvres em-
ployées pour faire périr Socrate n'a
t'elle point eu d'autres caufes ? & fi
Socrate n'eut été qu'un homme de génie, fi les prêtres n'euffent craint qu'en
préchant la raifon, il ne fit tomber
ou diminuer les offrandes, fi les Aréo-
pagites n'euffent apprehendé qu'en
éclairant le peuple d'Athenes fur l'ad-
miniftration de l'Etat & fur la Légifla-
tion Socrate ne leur fit perdre un
crédit, uniquement fondé fur d'Antiques préjugés, Socrate eut il bû la
cigue ? le Philofophe eut peut être
été joué fur le théatre, mais c'eft au

citoyen vertueux que la mort étoit
préparée: c'eſt lorsqu'un Philoſophe
a été vraiment utile, lorsqu'ii a in-
flué, ſur l'eſprit de ſon ſiécle, lorsqu'il a combattu des préjugés qui ſa-
crifiaient les Nations entiéres à l'avi-
dité ou à l'orgueil d'un petit nombre,
c'eſt alors qu'on lui pardonne bien
moins ſes vertus que ſes talens. Ce
n'eſt pas la jalouſie, c'eſt l'intérêt
ſeul qui peut mettre tant de ſuite à la
haine, elle pourſuivra Voltaire tant
que les Ennemis de l'humanité & de
la raiſon auront de la puiſſance, elle
ne cherche point à diminuer ſa gloire,
c'eſt à empêcher ſes ouvrages d'être
utiles aux hommes qu'elle prétend ſurtout. Sa gloire n'eut pas eu beſoin d'a-
pologie, mais il eſt utile que l'ami de
l'humanité ne demeure point chargé
d'imputations Calomnieuſes & que celui qui n'a ceſſé pendant ſa vie de plaider la cauſe de l'oprimé trouve un défenſeur après ſa mort. Par-

Parmi les évenemens publics un de ceux qui avoient excité une plus vive indignation dans l'ame de Voltaire, étoit le fupplice du Comte de Lally, lui feul avoit élevé la voix, lui feul s'étoit rendu l'interprête des fentimens des hommes juftes & éclairés, lui feul avoit ôfé braver la haine des puiffans ennemis de l'infortuné Général de l'Inde: & tandis que forcé d'attendre l'âge où les Loix permettent aux citoyens d'agir en leur nom & de ne prendre confeil que de leur courage, le fils de Lally gardoit un filence pénible, les Ecrits de Voltaire inftruifoient l'Europe. L'opinion publique avoit prévenu l'arrêt émané du trône. Voltaire eut dans fes derniers momens la confolation d'apprendre que cet arrêt avoit rempli le vœu de fon cœur. Son ame accablée par la maladie reprit fes forces pour féliciter le fils du Comte de Lally. „ *Je meurs content*

A 4   „ *lui*

,, *lui écrivoit il, je vois que le Roi ai-*
,, *me la juſtice.* Ce dernier cri d'une
ame généreuſe, les derniers mots d'un
homme qui avoit employé ſans rela-
che pour le bien des hommes un des
plus grands genies que la nature ait
jamais formés devoient ſans doute l'ex-
poſer aux outrages des ennemis du
Comte de Lally: on eut mépriſé les
injures, mais ils ont pris pour diffa-
mer Voltaire le masque du patriotisme
& des mœurs & dès lors une réponſe
devient néceſſaire.

Que dans un Procès où il s'agit de
ſavoir ſi le Général Lally étoit coupable ou plûtot s'il avoit tort de mépri-
ſer le Gouverneur Marchand Leyrit,
lorsqu'un jugement du Conſeil du Roi
en caſſant les Procédures du Parlement a montré que du moins Lally a-
voit été mal jugé, que dans ce Procès
on invoque le Dieu de nos Peres comme ſi nos Peres avoient un autre Dieu

que

que le Dieu de tous les hommes, comme si la cause de Mr. de Leyrit étoit celle de la Divinité, ou qu'un Général trainé dans un tombereau avec un Baillon fut un spectacle agréable aux yeux de l'être suprême, que l'on dé. nonce comme ennemis de la Magistrature ceux qui ôsent douter de l'infailli-bilité des Magistrats, ceux qui ont plus de confiance en un Arrêt du Conseil du Roi qu'en un Arrêt du Parlement de Paris, comme si les membres du Conseil n'étoient pas aussi des Magistrats, qu'on Veuille ériger en prin-cipe qu'un innocent une fois condamné doit pour l'honneur de la Magistrature rester à jamais chargé de l'opprobre: qu'on fasse du tribunal qui doit deffen. dre les citoyens un tiran qni ne meurt point, & dont les injustices doivent être à jamais irréparables, qu'on montre dans un Arrêt qui réhabiliteroit la mé-moire du Comte de Lally, la subver-

A 5   sion

fion des Loix & des principes comme
fi le Comte de Lally étoit le premier
innocent condamné dont la mémoire
ait été rehabilitée, comme fi les Arrêts contre l'Amiral de Coligny & Ma-
zarin n'avoient pas été réformés comme fi ceux qui privoient de la Couronne Charles VII & Henri IV avoient
fubfifté, comme fi nous n'avions plus
ni loix ni principes depuis que l'Emé-
tique & la Philofophie contraire à celle
d'Ariftote fe font établies en dépit des
arrêts du Parlement, qu'on appelle
ennemis de la Magiftrature ceux qui
défirent la réforme de la Jurispruden-
ce, qu'on veuille enlever aux citoyens
le Droit d'examiner les Loix, d'en dis-
cuter les inconveniens ou les avanta-
ges, qu'on veuille nous forcer d'ado-
rer une procédure qui permet de re-
fufer à l'accufé un Confeil, qui lui
ôte ce confeil lorsqu'il eft en préfen-
ce du juge & des temoins, qui ne lui
per-

permet pas d'avoir une copie des
Procédures faites contre lui pour les
examiner de Sangfroid, qui lui refuse
le Droit de récuser les témoins dont
il ne connoit l'inimitié, que par les
calomnies dont ils le chargent, qui ne
l'admettent à prouver son innocence
qu'après que toute la preuve contre
lui est terminée, comme si dans l'exa-
men d'un fait on pouvoit séparer ce
qui tend à l'établir, de ce qui en de-
truit les preuves, une Procédure enfin
ou l'on compte parmi les moyens de
découvrir la vérité l'usage barbare de
briser entre deux planches les jambes
d'un accusé ; qu'on veuille nous faire
admirer une Législation où l'on punit un homme de mort pour un vol
de quelques piéces d'argent, où l'oc-
cultation de grossesse est punie comme
l'infanticide, où l'inceste & le Parri-
cide sont condamnés au même supplice, où l'on brise les ôs des hommes

vi-

vivans, pour les laiſſer expirer dans les douleurs, où on les jette vivans dans les flammes, où l'on réunit ces deux ſupplices ſur le même homme, où l'on punit par le feu, ou des fautes de mœurs ou des crimes imaginaires & qu'on ſe vante d'aimer *la beauté ſévere de ces Loix*, que lorsqu'un fils en defendant ſon Pere a ôſé revoquer en doute ou la véracité de ſes accuſateurs, ou l'impartialité de ſes juges, on s'étonne que ce doute ſoit reſté impuni, que ſi la douleur arrache à ce fils infortuné des cris d'indignation, on s'étonne que ces cris n'aient pas été punis comme un nouveau crime, de telles idées ſont ſans doute un outrage à l'humanité comme à la raiſon; mais nous laiſſons à l'opinion publique le ſoin de les juger; c'eſt la defenſe de Voltaire ſeul qui doit nous occuper, deffendons un ami avec le même Zèle que Mr. d'Eprémeſnil deffend ſon oncle.

Les

Les tribunaux font fermés poùr nous,
mais il en eft un qui nous eft ouvert
qui a le Droit de juger toutes les Caufes & tous les hommes, c'eft lui qui
prononcera entre Voltaire & fon ac-
cufateur, & grace à cette haine contre un nom illuftre, le nom de Mr. d'E-
prémesnil occupera une fois l'Europe.
Mr. d'Eprémesnil ne veut pas même que le fils du Comte de Lally laiffe
fubfifter pour la défenfe de fon Pere
quelques imputations odieufes contre
Mr. de Leyrit; Lally mourant recom-
mande à fon fils de le Venger, & Mr.
d'Eprémesnil évoque l'ombre de Lally
pour lui faire ordonner à fon fils de
laiffer fa mémoire dans l'opprobre; Mr.
de Leyrit a deffendu à Mr. d'Eprémesnil de fonger à Venger fa memoire,
& Mr. d'Eprémesnil évoque apparemm-
ment auffi fon ombre pour recevoir un
ordre contraire. Nous louons fon zèle, nous admirons ce talent de favoir

fi

fi bien ce que penfent les morts, de
nous apprendre furtout qu'ils veulent
dans l'autre monde précifément le contraire de ce qu'ils vouloient dans celui-
ci ; mais Voltaire mérite auffi que fa
mémoire foit deffendu, il n'étoit pas
à vingt quatre ans Confeiller d'un Confeil fouverain dans l'Inde, mais à 24
ans il avoit fait Oedipe & la Henriade ;
il n'a jamais mérité d'être Gouverneur
Marchand de Pondicheri, mais il a
fait des ouvrages que l'on admirera
encore, lorfqu'on ne fe fouviendra
plus qu'il ait exifté une Compagnie
des Indes que parce qu'il en a parlé,
en fuppofant que Mr. de Voltaire &
Mr. de Leyrit fuffent nés dans le même état, (& c'eft beaucoup fi on fon-
ge où l'on alloit fouvent chercher les
Magiftrats de l'Inde) (*) il s'agit de
deux

(*) Plufieurs de ces Confeillers ont paffé dit-on
de l'Antichambre dans le Sanctuaire des Loix, d'autres

deux citoyens dont l'un a rempli ob-
fcurément un emploi obfcur, & dont
l'autre a occupé foixante ans l'Europe
de fa gloire, dont l'un n'a laifféqu'u-
ne fortune acquife légitimement, fi
l'on veut, & dont l'autre laiffe une
mémoire immortelle par fes travaux &
par fes bienfaits, fi la mémoire de
l'un

tres s'étant brouillés avec la juftice en Europe ont
été choifis pour aller l'adminiftrer dans l'Inde, d'autres étoient à la fois & Magiftrats & fermiers de
la compagnie & grace à la réunion bizare de ces
titres ils ont amaffé de grandes fortunes. On a accufé ces mauvais choix d'avoir caufé la perte de la
Compagnie, ils ont empêché du moins de favoir
jufqu'à quel point elle pouvoit être utile à l'Etat.
Ceux qui voudront apprendre à bien connoitre l'u-
tilité de cet Etabliffement peuvent lire le mémoire
auffi bien penfé que bien écrit qu'a oppofé aux rai-
fonnemens des oeconomiftes un homme éloquent
qui a fu Louër Colbert auffi bien qu'il l'imite, &
qui a mérité également d'être comparé par deux
Poëtes Philofophes à Montesquieu & à Sulli.

l'un eſt chere à ſes neveux (*), celle
de l'autre doit être chere à tous les
amis de l'humanité.

La Première raiſon alleguée pour
affaiblir le témoignage de Voltaire en
faveur du Comte de Lally c'eſt qu'il a
prononcé ſans connoiſſance de Cauſe
puis qu'il n'avoit pas vû la Procédure,
quoi

(*) On a prétendu dans pluſieurs Journaux que
Mr. de Voltaire avoit laiſſé des neveux, ce fait eſt
faux évidemment, s'il eut exiſté des neveux de Mr.
de Voltaire, ils n'auroient pas ſouffert qu'au mépris des ordonnances le curé de St. Sulpice lui re-
fuſat la ſepulture, ils auroient provoqué contre un
Prêtre ignorant & fanatique le zéle des Magiſtrats
chargés de deffendre les droits des Citoyens, & de
maintenir l'exécution des Loix du Royaume s'il
exiſtoit encore des neveux de Mr. de Voltaire, ils
auroient attaqué judiciairement Mr. d'Eprémesnil
bien ſur que le Parlement de Roüen aime trop la
juſtice pour ne pas leur accorder la reparation d'une
injure groſſiere faite gratuitement aux cendres d'un
grand homme qui fait tant d'honneur à ſa patrie
& à ſon ſiécle.

quoi parceque vous ne permettez pas
aux Citoyens de voir fur quel titre
vous décidés de la vie des hommes,
parceque vous cachés dans l'ombre
les motifs des arrêts, il faudra les respecter comme des oracles.

Lorsqu'un homme accufé d'un crime
a pris la fuite on le juge fur ce qui
parait contre lui, & tant qu'il refufe
de fe préfenter pour prouver fon innocence, le tribunal le regarde comme
coupable, pourquoi l'opinion publique n'aurait - elle pas le même droit
fur vous, pourquoi ne jugeroit-elle pas
les juges d'après ce qu'elle connait
puisque les juges lui ont dérobé la con-
noiffance du refte.

Mais d'ailleurs lorsqu'il exifte des
preuves claires de l'impoffibilité du
Crime comme dans l'affaire des Calas,
lorsque comme dans celle des Sirven
une Sentence offenfe les Lumières les
plus fimples du fens commun, lorsque

B   com-

comme dans l'affaire d'Abbeville l'arrêt eſt abſolument contraire à la Loi poſitive aux premiéres notions du droit naturel & aux premiers principes de l'humanité , eſt il néceſſaire d'avoir vû la procédure pour s'élever contre de pareils jugemens , pour demander que d'autres tribunaux réparent l'outrage fait à la raiſon & à la nature, ainſi pour avoir droit de reclamer contre l'arrêt qui condamne le Comte de Lally, il ſuffit de lire cet arrêt, il ſuffit d'avoir été inſtruit des atrocités inutiles ajoutées à la Condamnation par une Violation criminelle des Loix & des Droits des hommes, par une violence qui eut été punie dans un pays où les hommes puiſſans ne ſeraient pas au deſſus des Loix.

On condamne un homme à mort
,, pour *avoir trahi les intérêts du Roi ,*
,, *de ſon Etat , & de la Compagnie des*
,, *Indes , pour pluſieurs vexations & abus*
,, *d'au-*

„ *d'autorité*; — Mais fi du moins les preuves du Crime font fouftraites à nos regards, que le Crime ne le foit pas, qu'on daigne nous dire ce qu'a fait ce citoyen qu'on traine à la mort, quand vous condamnés un Voleur au dernier fupplice votre arrêt porte pour vol Domeftique, pour vol avec effraction, & non pour vol fimplement, parcequ'il y a des Vols qui ne font pas punis de mort! mais quelle Loi a porté peine de mort contre ceux qui trahiffent les intérêts du Roi, de fon Etat, & de la Compagnie des Indes? quel fens précis peut on attacher à ces expreffions vagues, ne peut on pas trahir les intérêts de L'Etat, du Roi, & de la Compagnie des Indes fans commettre un Crime capital? un homme fraude des Droits qui font en régie, il trahit les intérêts du Roi, faut il le punir de mort, un Magiftrat (*) s'éleve avec Vio-

(*) On a oui dire que ce Magiftrat était Mr.

d'E-

Violence dans une affemblée de Cham-
bres contre des Loix dictées par la
juftice & L'humanité du Prince , contre des Loix qui font le bien du peuple
& la prospérité de l'Etat. Cet homme
trahit certainement les intérêts de l'Etat
le condamnerez vous à la mort ? un
homme dévoile les abus de la Compagnie des Indes, le mal qu'il croit que fon
privilége a fait à la Nation , il fe
trompe de bonne foi, mais il trahit les
intérêts de la Compagnie des Indes ,
mérite t-il la mort ? ces mots feuls
l'Etat & la Compagnie des Indes , cette
affociation (qu'on n'ofe qualifier dans
un fujet fi grave) du nom facré de la
patrie avec celui d'une Compagnie de
marchands ne fuffiroit elle pas pour
faire reconnaître ceux que la voix publique accufe d'avoir dicté l'arrêt.

Tou-

d'Eprémesnil & qu'il s'agiffait de l'édit pour la
fupreffion des corvées.

Toutes les vexations, tous les abus d'autorité doivent ils être punis de mort ?
Si un Magiſtrat qui a des dettes ſe ſert
du crédit de ſa place pour ſe ſouſtraire
aux pourſuites de ſes créanciers, S'il
intimide les huiſſers, S'il les empéche
de le citer devant les tribunaux, C'eſt
vexation, C'eſt abus d'autorité, croiez
vous que ce Crime doive être puni de
mort; montrés nous donc de quel crime
digne de mort le Comte de Lally s'eſt
rendu Coupable, pourquoi ſi ce Crime
eſt je ne dis pas prouvé mais vraiſem-
blable mais poſſible, ne l'avoir pas
révélé. Qu'elle eſt donc cette juſtice qui
traine au Supplice un homme dont ni
les juges ni les accuſateurs ni les ennemis n'oſent ſpécifier le Crime : qu'a-
voit il donc de ſi terrible à révéler cet
homme à qui dans ſes derniers momens
vous enlevés la liberté de faire entendre
ſa voix. Vous le Condamnés à mort, vous
cachés jusqu'à ſon Crime vous craignez

B 3   que

que le peuple qui l'entoure n'entende un mot de ſa deffenſe & vous vous étonnés qu'on ôſe vous demander compte de ce jugement ; tous les droits des hommes & des citoyens, L'humanité, la juſtice ſont violés par vous, c'eſt avec le mépris pour les hommes, pour vos concitoyens que vous vous joués de notre vie , de notre honneur & vous voulez nous forcer à vous reſpecter en ſilence.

Que Lally ſoit innocent ou non vous êtes coupables ; L'Europe vous a Condamnés à un opprobre qui ne s'effacera jamais, & la juſte Vengeance du Dieu de l'humanité a ſuſcité contre tous cet homme dont les écrits ſurvivront aux préjugés & aux empires.

Vous dites , Monſieur, que les déſaveux ne coutaient rien à Mr. de Voltaire ; il eſt difficile de voir ce qu'a de commun ce reproche avec la Mémoire de Mr. de Leyrit qui vous eſt ſi chere

mais

mais qui vous a dit que les dèfaveux ne coutaient rien à Mr. de Voltaire ? Sans doute un homme de bien fouffre d'être obligé de dèfavouer ce qu'il a fait avec des intentions droites & pures! mais lorsque ce dèfaveu eft neceffaire à fon repos, au bien même qu'il veut faire, il a le courage de s'y refoudre: il s'y détermine fans remords, mais avec indignation, comme on plie fous un pouvoir injufte qu'on ne peut braver.

Daignez, Monfieur, confulter les Peres de l'Eglife —— les publiciftes, vous y verrez l'apologie de ces dèfaveux. La morale n'ordonne pas à un homme qui fe trouve au milieu des fous, de heurter leur folie, elle ordonne encor moins à un médecin de leur dire des Vérités qui expoferaient fa vie & les rendraient furieux. „ *Res-*
„ *peĉtés toujours la Vérité devant moi,*
„ *ne me niez jamais les bonnes actions*

„ *quî*

„ que je veux punir par ce qu'elles font
„ contraires à mes intérêts afin que
„ j'aie plus de facilité à vous opprimer.
„ Telle eſt, Monſieur, la morale que
„ préchent ceux qui s'élevent ſi vive-
ment contre les déſaveux dès qu'ils
leur arrachent des Victimes. Les
Cours Souveraines ne ſuppriment-elles
pas quelquefois par un Arrêt les mêmes remontrances qu'elles ont ren-
dues publiques? Seroit-il poli, feroit il
juſte de dire, les Cours Souveraines à
qui les dèsaveux ne coutent rien.

Je viens, Monſieur, à votre dernier reproche, il eſt vraiment acca-
blant, vous invoquez contre Voltaire
en votre faveur, Vous vous flattés
„ d'avoir le ſuffrage des Peres ſages, des
„ Meres judicieuſes, des Epoux ver-
„ tueux, des Amis ſinceres, des Auteurs
„ citoyens, des Magiſtrats incorrupti-
„ bles, des Souverains prévoyans, de tous
„ ceux en un mot pour qui les Mœurs
„ ſont

,, *font encor que'que chofe.* Si vous ne vous êtes pas trompé, Mr. Voltaire eft coupable. Il faut bruler fes livres, non pas en place publique, cependant fuivant l'ufage inventé par Tibère dans un temps ou les exemplaires d'un Ouvrage étoient en petit nombre, & qui n'eft plus qu'une farce ridicule depuis qu'on ne détruit pas les Livres qu'on brule. Mais voyons fi vous avés été jufte. Des Gens qui vous connaîtraient moins pourraient fuppofer que cette phrafe n'eft qu'une énumeration oratoire, que vous avez invoqué contre Voltaire tout ce que vous crciez de plus refpectable, fans fonger fi tout ce qui compofe cette Lifte, devoit en effet s'élever contre lui ; mais ce ferait vous faire injure, vous avez fûrement péfé vos termes & cette juftice que je dois vous rendre, m'oblige de difcuter féparement chaque Article.

1. *Les*

I. *les Amis sincères.*

Il seroit difficile de citer un Ecrivain qui depuis montagne eut aussi bien parlé de l'Amitié que Mr. de Voltaire, auriez vous le malheur de n'avoir jamais lû ces vers qui sont dans la bouche & dans le cœur de tous les hommes sensibles.

Pour les cœurs corrompus l'amitié n'est point faite.
Ó Divine amitié! félicité parfaite,
Seul mouvement de l'ame, où l'excès soit permis,
Change en bien tous les maux où le Ciel m'a soumis!
Compagne de mes ans, dans toutes mes demeures
Dans toutes les Saisons, & dans toutes les heures
Sans toi tout homme est seul; il peut par ton appui
Multiplier son être & vivre dans autrui.
Idole d'un cœur juste, & passion du sage
Amitié, que ton nom Couronne cet ouvrage,
Qu'il préside à mes vers comme il régne en mon cœur
Tu m'appris à connaître à chanter le bonheur.

Comment si vous connoissés les vers sur Mr. de Maisons, sur Mr. de Génonville, si vous connoissés le vertueux

tueux Mornai, le fage Couci, avez
vous pu croire que les amis fincères
s'éleveroient avec vous contre l'Auteur
de la Henriade & d'Adelaïde. relifez-
ou plûtot lifez Voltaire & vous effa-
cerez les amis de cette terrible lifte.

2e *Les Peres Sages.*

Le peintre d'Alvares, de Zopire &
de Philippe Humbert a trop bien ex-
primé les fentimens de la nature, a
rendu les Viellards trop intéreffans
fur le théatre pour ne pas intéreffer
les Peres à fa caufe. Mais vous avez
entendu fans doute que les Peres devoient craindre pour leurs Enfans la
Lecture de Voltaire. Ah! Monfieur
la Henriade, ces tragédies fi remplies
d'une morale douce & forte, cet effai
fur l'Hiftoire Générale qui refpire à
chaque page l'humanité, la raifon, &
la tolèrance, ces discours fur l'homme,
ce poëme de la Loi naturelle dont la
morale eft fi vraie & la Philofophie fi
tou-

touchante, fi fimple, fi ufuel, plaig-
nons les Peres qui ne mèttront pas ces
ouvrages entre les mains de leurs enfans.
Il eft d'autres écrits de Voltaire qu'ils
leurs cacheront peut-être, mais c'eft
pour un tems, pour le moment de l'édu-
cation ou l'on ne doit ni tout voir ni tout
entendre, furtout dans les pays où la
raifon, les loix, l'honneur, la morale,
l'opinion font fi fouvent en contradiction, où il eft néceffaire de diftinguer
ce qu'il faut refpecter de ce qui eft
refpectable, ce qu'il eft permis de dire de ce qu'on doit penfer, auffi dans
ces pays le bonheur des hommes exi-
ge qu'on écrive des chofes que les enfans ne doivent pas lire.   Croiez vous
Monfieur, qu'un Pere fage n'aimat
pas mieux voir entre les mains de fon
fils les contes de Voltaire que ceux de
la fontaine ou les Epigrammes de Rous-
feau, qu'il ne vit pas avec quelque
confolation fon fils emporté par l'age,

li-

livré à fes paffions, inappliqué, trou-
ver dans les romans ou les contes de
Voltaire, une inftruction utile cachée
fous le voile du plaifir.

.Croiez vous qu'un Pere fage qui
verroit fon fils livré à des fanatiques
n'aimeroit pas mieux le mener à une
repréfentation de Mahomet qu'à un
fermon du Jéfuite Beauregard. (*)

Croiez vous qu'un Pere qui verroit
fon fils entiché des fottifes antiques,
célébrer les principes barbares de nos
ignorans ayeux comme le terme des
progrès de l'efprit humain, regretter
leurs

(*) On nous a rapporté qu'un jour ce Beauregard fécriait dans une de ces Capucinades : *on nous
accufe d'intolérance & ne fçait on pas que la cha-
rité a fes fureurs & que le Zéle a fes vengeances.*
Voilà de ces phrafes qui meriteroient mieux que
les oeuvres de Voltaire d'être dénoncées *aux fouverains prévoyans, aux Magiftrats incorruptibles
& aux peres fages.*

à

leurs Mœurs féroces & corrompues,
leur fanatisme , leur intolerance, haïr
tout ce qui eſt nouveau & brillant,
tout ce qui eſt ſimple & vrai, tout ce
qui raméne les hommes à la raiſon &
à la nature, qui ſoupçoneroit même
que ſon fils n'eſt ennemi des nouveau-
tés utiles que pour ſe faire un parti
parmi les ſots & les fripons, croiez
vous qu'il ne lui donneroit point un
Exemplaire de Voltaire, comme un
des remédes les plus agréables & les
plus ſurs, comme le meilleur moyen
de l'eclairer ou de le corriger.

3ᵉ. *Les Meres judicieuſes.*

Je montrerai Merope & Idamé aux
meres tendres & elle pardonneront à
Voltaire.

4ᵉ. *Les Epoux vertueux.*

Les époux vertueux feront portés
à excuſer l'Auteur de l'Orphelin de la
Chine. Croiez vous que quelques plai-
ſanteries ſur l'adultére les allarmeront
beau-

beaucoup, non, Monſieur, dans un
pays où le Divorce n'eſt point permis,
où l'on ne conſidére dans le Mariage
que des convenances d'état & de fortune, ou les Epoux ne ſe voient qu'un
moment avant de s'unir pour toujours,
où l'inégalité des fortunes offre tant
de facilités aux hommes voluptueux,
dans un tel pays l'adultére eſt néceſſai-
rement un crime très commun, il l'é-
toit autant & plus encore que parmi
nous, chez nos dévots ayeux, quoi-
qu'ils ne ſçuſſent ni lire ni écrire.
Mais ce crime a des degrès, donner à
ſon Mari des enfans étrangers, eſt un
plus grand mal que de violer ſeulement la foi qu'on lui a promiſe. Cette
jalouſie conjugale née de l'orgueil &
de l'autorité plûtot que de l'amour,
peut devenir une ſource de crimes.

Qu'un mal qu'on ne peut éviter,
ſoit donc le moindre qu'il eſt poſſible,
& ſi nous n'avons pas des mœurs ſévé-
res,

res, confervons du moins des mœurs
douces; fi nous avons perdu là pureté, que du moins la paix nous refte,
fi une vertu nous manque; ne nous
croions pas autorifés à les perdre toutes, qu'une femme qui a une faute à fe
reprocher ne fe voie point confondue
dans l'opinion avec une femme fans
mœurs, qu'elle croie avoir le droit
d'avoir encore des vertus, que fi elle
n'eft pas une Epoufe fidéle elle foit
pour fon mari une amie attentive, une
compagne utile, & furtout une bonne mere pour fes enfans. Voilà ce
qu'un excès de févérité pourroit empêcher, voilà ce que Mr. de Voltaire vouloit conferver, voilà l'objet de
ces Articles fur le Divorce, fur l'a-
dultére dont les plaifanteries vous ont
allarmé; mais de bonne foi, Monfieur, voudriez vous que tous ceux
qui ont commis des adultéres hommes ou femmes fuffent déshonorés ou
pren-

pendu, feriez vous de l'Avis du Docteur Allen qui vouloit abfolument qu'on mit au Carcan pour le moins tous les fornicateurs; croiez vous que fi Mr. de Leyrit revénoit au monde il approuveroit votre exceffive févérité.

Daignez obferver, Monfieur, qu'un des objets les plus importans de la morale eft de ne pas intervertir l'ordre naturelle des fautes; l'hypocrifie, l'intrigue, l'ambition, la fureur de tout troubler pour faire parler de foi, la préférence accordée aux intérêts du corps où l'on a une place, fur le bien général, la perfécution ou publique ou cachée contre les ennemis de nos préjugés &c..... Voilà, Monfieur, des vices qui excluent toutes les vertus, qui font incompatibles avec les talents ou les rendent nuifibles, qui ne permettent de rien efperer de ceux qui s'y font une fois livrés; Voilà

C

Mon-

. Monſieur, des vices bien plus grands, que le gout de la volupté & toute morale où l'on feroit indulgent pour les vices de ce genre, & où l'on feroit un grand crime d'aimer le plaiſir, ſeroit une morale vraiment corrompue, vraiment nuiſible, & ſi cette morale exiſte quelque part on doit remercier ceux qui s'en mocquent. N'y a t il pas du danger pour la morale à donner une valeur exceſſive à la pureté des mœurs, a regarder comme la premiére des vertus comme une vertu ſans laquelle les autres perdent leur prix, préciſement celle de toutes qu'il eſt la plus aiſé de feindre, & ce qui eſt pis encor une vertu qui n'en ſuppoſe aucune autre, que les hommes vils, avides, cruels peuvent porter au plus haut dégré ſans en devenir meilleurs.

N'y a-t-il pas du Danger à inſpirer une terreur exagerée pour des fautes
qui

qui femblent appartenir furtout aux
imaginations vives & aux ames foi-
bles, pour des fautes dont fi peu d'hommes font exempts, que d'infortunés
dont l'ame troublée par des vains remords s'affaiffe, fe rapetiffe, perd
fon énergie & fes vertus & qui paf-
fent a pleurer aux pieds d'un prêtre
le tems, qu'ils devroient à la So-
ciété. Que d'hommes troublés par la
crainte qu'on leur a infpirée fongent
moins à réparer le mal réel qu'ils ont
pû faire par leurs foibleffes, qu'à obtenir du ciel leur pardon. Au prix
que les prêtres veulent y mettre, que
d'hommes trompés par des fanatiques
ont commis des crimes pour expier des
foibleffes. Le Comte du Bouchage li-
bertin étoit un fujet fidele, frere ange
de joyeufe fut un ligueur furieux, on
fçait par quel crime Jean Chatel efpé-
ra mériter le pardon des débauches de
fa jeuneffe: c'eft en exagerant la fé-

vérité du ciel pour les fautes de mœurs
que dans les temps d'ignorance, d'au-
ftérité & de débauche les prêtres é-
toient parvenus à troubler toutes les
confciences, à regner fur tous les
esprits, à bouleverfer l'Europe entière.

L'opinion condamne avec févérité
les foibleffes des femmes, la Loi les
traite avec barbarie, la Loi laiffe les
hommes impunis, eux mêmes féviffent
contre les fautes, dont ils font les in-
ftigateurs & les complices, ils décla-
ment contre ceux qui parlent de ce
qu'ils fe permettent de faire, & ils
appellent cela avoir des mœurs; n'eft
il pas permis, Monfieur, d'attaquer
par des plaifanteries cette hypocrifie
barbare.

Enfin fi des plaifanteries un peu li-
bres peuvent fervir à rendre ridicule, à
détruire par cette arme fi puiffante des
abfurdités qui font devenues la fource

la plus féconde des maux de l'humanité, le peu de mal que ces plaifanteries
peuvent faire n'eſt il pas plus que com-
penſé ; ſongez d'ailleurs à cette foule
d'hommes ſans principes qui n'ont pas
en une Ame aſſés forte pour réparer le
vice de leur Education, n'eſt il pas utile
de leur inſpirer du moins quelques idées
d'humanité, de raiſon, de tolérance ;
n'eſt ce pas rendre ſervice au genre
humain que de renfermer ces raiſons
dans les ſeuls Livres qu'ils puiſſent lire, les premiers chapitres des avantu-
res de Jenni leur feront lire l'ouvrage
entier, & ils y trouveront à la fois &
les meilleurs preuves de l'exiſtence
d'un être ſuprême & une expoſition
touchante des principes de la morale
univerſelle.

Voltaire dans des morceaux de Phi-
loſophie s'eſt permis de préſenter des
images quelquefois groſſieres, mais elles ne viennent pas de lui & il ne les
C 3   ré-

répéte que pour dévouer les ouvrages
dont il les a tirées, les hommes qui
les ont emploiées à tout le mépris
qu'ils meritent; il s'eft permis des plaifanteries, mais ce ne font point les
mœurs, c'eft l'hypocrifie des mœurs
qu'il tourne en ridicule; croiez que s'il
n'avoit bleffé que les mœurs, on auroit
eu pour lui plus d'indulgence.

On trouve dans les contes & les romans de Voltaire des images voluptueufes, mais aucune de ces peintures
licentieufes qui peuvent corrompre
l'imagination; il ne plaifante point
fans ceffe à l'exemple du bon la Fontaine fur les maris trompés par leurs
femmes parce qu'il ne veut point encourager un crime réel & nuifible à la
fociété; mais cette retenue n'eft point
en contradiction avec les plaifanteries
femées dans fes autres ouvrages, parce qu'il y a une grande différence entre encourager une action & combat-
tre

tre les excès dans lesquels l'on peut tomber en la condamnant, la préfenter comme indifférente ou montrer que l'indulgence eft le moyen le plus fur d'en diminuer les fuites funeftes.

Suppofons maintenant qu'il fut à défirer que Voltaire eut fupprimé toutes les plaifanteries, toutes les peintures voluptueufes qui fe trouvent dans fes Ecrits; eh bien quelques pages de trop empêcheront elles de rendre juftice à tant d'ouvrages d'une morale fi vraie fi utile au genre humain, les foiblesses de Titus, de Trajan, d'Arifti-de, d'Epaminoudas vous empêchent elles de les placer au rang des héros & des fages (*). Pour détruire les

mau-

(*) Il n'y a qu'un ouvrage de Mr. de Voltaire, où l'on ait trouvé des traits vraiment liceutieux, mais 1o. une partie de ces traits n'étoient pas de lui, ils avoient été ajoutés à fon ouvrage par un

ex-

mauvaifes mœurs il faut en ôter la caufe, & quelle eft elle, il n'y en a qu'u-
ne, les mauvaifes Loix; fi dans aucun
grand pays, il n'y a eu jusqu'ici de
bonnes Mœurs, c'eft que nulle part il
n'y a eu encore de bonnes Loix. Ainfi,
Monfieur, le véritable corrupteur des
mœurs feroit l'écrivain qui fe rendroit
l'Apologifte de ces loix abfurdes qui font
nées de l'ignorance dans les tems de barbarie & que des vues d'une politique
fauffe & tirannique conferyent dans
des tems de lumiere & de raifon.
Ainfi l'Ecrivain dont les ouvrages auroient avancé de quelques années une
réforme dans les Loix de la nation, eut
il fait cent Epigrammes obfcénes, me-
rite-

excapucin nommé Maubert & par la Beaumelle 2°.
M. de Voltaire a eu foin de retrancher ceux qui lui
étoient échappés lorsqu'il a fait imprimer fon ouvrage.
Les premières Editions avoient été faites d'après des
Manuscrits qui lui avoient été volés.

riteroit la reconnoiſſance *de tous ceux*
pour qui les mœurs ſont encore quelque choſe.

5. *Les Magiſtrats incorruptibles.*

Y avez vous penſé, Monſieur, eſt - ce
que Mr. de Voltaire a conſeillé aux
Magiſtrats de ſe laiſſer corrompre? eſt-
ce qu'on déplait aux Magiſtrats incorruptibles en écrivant contre le fanatiſme, en diſcutant les abus des
Loix , eſt-ce que M. M. de Malsherbes, la Chalotais, Dupati , Caſtillon,
de Morveau, du Séjour &c. qui ont
donné à Mr. de Voltaire des marques
non équivoques de leur eſtime & qui
ont daigné paroître flattés de la ſienne
ne ſont pas des Magiſtrats incorruptibles : Ah, Monſieur tachez d'égaler
un jour leurs lumières & ſurtout leurs
vertus.

6. *Les*

6. *Les Auteurs citoyens.*

Qu'entendez vous par ce nom, Monſieur, ſont ce les Fréron, les Grosſier, les Sabatier, les Labeaumelle, les Royon, les Fontenay, les Aubert &c. &c. aſſurément ceux là ſeront de votre avis, en êtes vous flatté? un auteur citoyen, Monſieur, eſt un homme qui ſans place, ſans intrigue dit à ſes concitoyens les vérités qu'il croit utiles, attaque avec courage les préjugés funeſtes, éleve la voix contre les abus quelques puiſſans qu'en ſoient les protecteurs, & exmine les vices des Loix de ſon pays & en demande la réforme, diſcute les principes de l'adminiſtration publique dont dépend le bonheur des nations, fait retentir les noms ſacrés d'humanité & de juſtice, de tolérance & de liberté, cherche la vérité & le bien du peuple, oublie devant ces grands objets tous les inté-

réts

rêts particuliers de Corps, d'Etat, fent
que fon zéle ne fera récompenfé que
par la calomnie & la perfécution, &
n'en a que plus de zéle.

Les Auteurs citoyens font en petit
nombre & ce n'eſt pas contre Voltaire
qu'ils écrivent.

7. *Les Souverains prévoyans.*

Quel eſt donc ce danger caché dans
les ouvrages de Voltaire que vous dé-
noncés aux fouverains? le Roi de Suède honoroit Voltaire de fa correspon-
dance & de fes bontés. l'Impératrice de Ruſſie a crû que la bibliotheque
de ce grand homme étoit digne d'être
l'ornement de fon palais & elle a voulu
que le tableau de la retraite de Voltaire embellit fes jardins, le Roi de Prus-
fe à compofé l'éloge de Voltaire à
la tête de fon armée & l'a fait lire pu-
bliquement dans fon Académie; j'igno-
re

re jusqu'à quel point ces princes manquent de prévoyance; mais, Monſieur, quelque etude que vous ayez fait de la politique, quelque talent naturel que vous ayez reçu, euſſiez vous même profité de l'expérience de votre oncle le Gouverneur de Pondicheri, vous pourriez difficilement vous flatter de ſurpaſſer en prévoyance le vainqueur de Molwits & de Liſſa, le pacificateur de l'Europe, croiez vous qu'il n'ait pas fallu autant de prévoyance à L'impératrice de Ruſſie pour envoyer une flotte de Pétersbourg gagner des Batailles dans L'Archipel qu'à vous pour aller en poſte à Roüen plaider contre Mr. le Comte de Lally, il me ſemble qu'un ſouverain prévoyant verrait que ſi Mr. de Voltaire a défendu avec courage la cauſe de l'humanité contre la tyrannie, il a défendu avec non moins de zèle la Cauſe des Rois contre Rome & le Clergé; que ceux qui excommu-

muniènt les Rois qui prétendent au
Droit de les priver du trône, dont la
politique a soulevé leurs Etats, dont
les cris fanatiques ont tant de fois ar-
més contre les princes le bras des as-
saſſins n'ont jamais eu d'ennemi plus
dangereux & plus implacable.

Un ſouverain prévoyant apperce-
vrait que Mr. de Voltaire en déffen-
dant les droits des hommes, n'a jamais attaqué ceux des Rois, qu'on ne
trouve point dans ſes ouvrages les
maximes républicaines qui combattent
la légitimité du pouvoir d'un ſeul &
fixent la limite de ſes droits, qu'au
contraire favorable à l'autorité royale,
il regarde en général les corps inter-
médiaires, ce mélange d'une Ariſtocra-
tie inquiette & Anarchique moins comme une barriere contre l'autorité arbitraire que comme une autre autorité non moins arbitraire & plus dangé-
reuſe parce qu'elle eſt agitée par de
plus

plus petites paſſions. Un ſouverain qui verroit tout cela pourroit bien avoir aſſez de prévoiance pour n'être pas de votre avis.

8. *De ceux pour qui les Mœurs ſont encore quelque choſe.*

Quelle condamnation Monſieur, & contre les Souverains du nord & contre les Magiſtrats reſpectables que je vous ai déja cités, & contre cette foule d'hommes, de femmes de tout état, de tout rang qui ont prodigué à Mr. de Voltaire des temoignages de leur admiration, je crains bien que même parmi vos juges il n'y en ait pluſieurs que cette terrible ſentence n'ait flétris. Penſez vous donc, Monſieur qu'on ne puiſſe avoir des mœurs & ne pas s'élever avec vous contre un homme qui a défendu un autre homme qui a dit autrefois du mal de votre oncle.

Ceux

Ceux poûr qui les mœurs font *encore*
quelque chofe —— Ah Monfieur cet
encore détruit tout l'effet de votre
phrafe ; quoi vous croiez *encore* aux
contes que vous a fait votre Noûrrice
fur la pureté des mœurs du vieux tems.
regrettés vous Monfieur la chafteté
de la cour de Frèdégonde , admirez
vous les mœurs pures de nos Croifés,
aimeriez vous mieux les mœurs du
tems de Charles Six que les notres;
les proceffions de François I. &
de Henri II. & les dévotions de
Henri III; & les hiftoires que Branto-
me raconte des honorables Dames du
tems de Charles IX , & ces péchés
galants qu'on croioit effacer en maffa-
crant des hérétiques , tout cela vous
paroit-il bien édifiant? avez vous oublié
la lifte des Courtifanes qui arriverent
à Conftance à la fuite du Concile & à
qui les Peres donnerent le Divertiffe-
ment de voir bruler Jean Hus? ne vous
fou-

souvenez vous plus des fêtes qu'Alexandre VI. donna aux nôces de sa fille, ce siècle n'est il pas le premier depuis la destruction de l'Empire Romain où l'on ait vû constamment la décence & les mœurs sur le Trône pontifical? lisez les mémoires originaux, les lettres des hommes qui ont vêcu sous les quatre derniers regnes, comparez ce temps avec le nôtre & jugez.

„ *Vers la tombe de Voltaire s'avan-*
„ *ce à pas lents mais surs, la postérité qui*
„ *dans l'Ecrivain le plus vanté cherchera*
„ *vainement un homme de bien.* (*)

Je

(*) Mr. D'Eprémesnil a déclaré dit-on que ce n'est pas au citoyen mais à l'Ecrivain qu'il refusoit le titre d'homme de bien & que d'ailleurs il ne prend *homme de bien* que dans le sens *d'homme religieux*, d'où il resulte 1. que François Marie Aroüet est un homme de bien, & que cependant l'Auteur de la Henriade & de Mahomet n'est pas un homme de bien. 2. que François Marie Aroüet avoit de la Religion comme citoyen & n'avoit pas

de

Je fuis bien moins digne que vous
de fervir d'interprête à la poftérité;
mais la poftérité lira les ouvrages de
Voltaire, & il me femble qu'elle pour-
ra dire Voltaire a écrit pendant foixante ans & dans tous fes ouvrages il a
défendu la Caufe de l'humanité , les
Poëtes avoient trop célébré les vertus
guerrieres, il a été l'Apôtre de la paix;
l'intolérance regnoit dans l'Europe, &
il a été l'Apôtre de la tolérance; l'in-
quifition a ceffé d'être fanglante, la liberté a été rétablie en Suède, en Ruf-
fie dans le Brandebourg, la tolérance a fait des progrès dans les états de
la

de bien. 20. que François Marie Arouet avoit de la
religion comme citoyen & n'avoit pas de religion
comme écrivain.   30. Enfin que la poftérité cherchera vainement un homme religieux dans Mr. de
Voltaire; & c'eft pour faire cette belle découverte
qu'on fait s'avancer a pas lents mais furs la poftérité
vers la tombe de Voltaire.

D

la maison d'Autriche & les ouvrages de Voltaire ont acceléré cette heureuse révolution. Des Codes barbares regnoient sur toute l'Europe & il a écrit pour détruire ces restes de barbarie, il a défendu les Rois contre les hypocrites qui armoient la religion contre le trône & contre les fanatiques qui les poignardoient; il a défendu les peuples & contre les prêtres qui les trompent pour les dépouiller, & contre les tyrans subalternes qui trompent les Rois, pour opprimer les sujets, & contre les Magistrats qui font du Ministère des Loix un instrument d'intrigue ou de persécution.

Si des malheureux étoient opprimés par l'injustice, il les défendoit sans craindre de s'exposer à la haine des oppresseurs; il a rendu à Sirven son état & son honneur, il a reparé dans le malheur de Calas tout ce qui n'étoit pas irréparable: une victime, échappée

aux

aux fanatiques d'Abbeville a trouvé par ſes ſoins un azile auprès d'un prince ennemi du fanatiſme. Cent familles ont ſubſiſté de ſes bienfaits, il ne s'eſt pas fait une choſe utile pendant ſa vie qu'il ne l'ait ou ſollicitée par ſes écrits ou défendue contre les préjugés qui s'y oppoſoient.

Pendant ſix ans l'affaire de Calas & des Sirven l'occupa tout entier; *pendant tout cet espace de temps*, diſoit-il, *il ne m'eſt pas échappé un ſourire que je ne me le ſois reproché comme un crime*, enfin ſes dernieres paroles ont été *je meurs content j'ai vû que mon Roi aime la Juſtice*. voilà, Monſieur, ce que la poſtérité verra non dans les éloges de Voltaire mais dans ſes ouvrages; & lorsque dans des tems plus reculés les erreurs qui ont forgé les chaines de toute eſpèce ſous lesquelles le monde entier gémit, lorsque les préjugés qui ont couvert l'Europe de ſang & de bu-

D 2   chers

chers auront disparu, lorsque ces abfurdités, ces atrocités ne feront plus con-
nues que par l'hiftoire, lorsque l'hiftoire apprendra que Voltaire a ôfé le
premier porter des coups certains au
génie deftructeur de l'humanité, croiez
vous que la poftérité prononcera fans
refpect ce nom que vous outragez? elle
jugera qu'il n'a eu pour ennemis que
des hommes à qui il a voulu arracher
ou des dupes ou des victimes.

Félicitez vous, Monfieur, d'avoir
contre vous Voltaire & fes admira-
teurs, c'eft-à-dire, l'Europe entière.
Mais ceffez de vous vanter de défen-
dre la caufe de la Magiftrature (*).
On

____

(*) Il y a des hommes qui ne peuvent jamais
aller feuls, ont ils un Procès, leur caufe eft celle
du Parlement, de la Magiftrature, du Clergé, ont
ils un ennemi, c'eft l'ennemi des Loix, des Rois,
de Dieu même, fouvent ce manége a réuffi; par
exemple Démareta de St. Sorlin, qui étoit jaloux
de

On a ôſé autrefois préter à un Magiſtrat cette maxime coupable, *il y a plus
de*

de ce que Morin oſoit être auſſi fou que lui, cria
ţant que Morin étoit un impie qu'il parvint à le faire
bruler.

Mais Mr. d'Eprémesnil ne perſuadera à per-
ſonne que le Parlement de Paris ait déſiré ait même ſeulement approuvé qu'il ſe chargea de le dé-
fendre devant le Parlement de Roüen, on ne peut
le croire ſans faire injure au Parlement de Paris,
ſans ſuppoſer qu'il ſe ſoit écarté de cette impartialité de cette modération de cette dignité de conduite
qui le font reſpecter à ſi juſte titre. l'Arſêt du Comte
de Lally n'eſt pas le ſeul de ſes arrêts qui ait été
caſſé: ſi la mémoire du Comte de Lally, eſt réha-
bilitée cet arret ne ſera pas le ſeul arrêt injuſte que
le Parlement ait rendu; ſans parler de ces arrêts qui
lui ſont échappé: dans des tems de fanatiſme & de
troubles, & dont on ne s'imaginera point ſans doute que le Parlement veuille conſacrer les principes,
le Parlement n'a t-il pas été le premier à reconnoî-
tre l'innocence de Langlade & de le Brun, n'a t il
pas avoüé qu'il avoit été trompé dans le Procès du
premier parce que l'inſtruction avoit été faite par un
juge prévenu, & dans le Procès du ſecond parce-

D 3   qu'on

de Magiſtrats, que de Calas, & l'on ré-
pondit, *il y a plus d'hommes que de
Magiſtrats.* Si votre cauſe eſt celle
du Parlement, alors celle du Comte
de Lally devient la cauſe du genre humain. Si au lieu d'attendre en paix le
jugement d'un homme que quelques
uns

qu'on s'étoit laiſſé ſéduire par quelques uns de ces in-
dices ſi impoſans & ſi ſouvent trompeurs. Le Parlement s'eſt-il oppoſé à la juſtice qui a été rendue
à la mémoire de ces infortunés, pourquoi adopte-
roit il aujourd'hui d'autres principes? s'il croit avoir
bien jugé; il doit avoir confiance en la juſtice du
Parlement de Normandie, s'il croit avoir été entraî-
né dans l'erreur, il doit déſirer que le Parlement
de Roüen repare une injuſtice involontaire, la plu-
part même des juges de Lally ſont malheureux ſans
être coupables. lorsque l'inſtruction eſt ſecrette,
le ſort d'un accuſé dépend d'une ou de deux perſon-
nes qu'il eſt aiſé à des intriguants habiles & accré-
dités de tromper ou de prévenir, un des deux com-
miſſaires du Comte de Lally a joui & avec juſtice
pendant toute ſa vie de la réputation d'un Magiſtrat
intégre, auſſi éloigné de l'intrigue que de la foi-
bleſſe.

uns de fes membres ont condamné par un arrêt vicieux dans fa forme, la Ma-giftrature fe rend la perfécutrice, de la mémoire de fa victime ; alors tous les hommes doivent voir dans cette condui-te une ligue formée contre leurs droits, tous par intérêt comme par devoir doi-vent fe réunir avec le Comte de Lally.

Vous prétendez, Monfieur, que Mr. de Voltaire a dit *que tout le monde avoit droit de tuer Lally excepté le Boureau.* 1° Ce mot n'eft pas de Voltaire. 2° ni Voltaire ni le Philofophe qui a dit ce mot ne fe feroient jamais avifés de di-re *que tout le monde avoit droit de tuer Lally,* mais que *Lally méritoit d'être tué par tout le monde excepté par le Bou-reau,* ce qui eft très différent, un homme en a infulté un autre, l'offen-fé fe bat avec lui & le tue, *il le méri-toit bien* dira t-on, mais depuis que le combat judiciaire, cette Loi facrée de nos peres a été abolie, on ne peut

D 4   plus

plus dire que l'offenſé a le droit de tuer.

3°. Il n'y a eu jusqu'ici que vous & feu Mr. Freron qui n'ayez pas entendu ce mot ſi clair. M. Freron y voyoit le Conſeil d'aſſaſſiner Lally, vous y voyez l'aveu que Lally avoit commis un crime capital. mais je m'arrête, *quand on eſt réduit à expliquer des choſes ſi claires on eſt ſur de n'être jamais entendu* : dit Montesquieu.

Vous voyez, Monſieur, que je n'ai laiſſé ſans réponſe rien de ce que vous avez allégué contre Voltaire. L'infortuné Lally trouvera dans ſon généreux fils un défenſeur plus digne d'une ſi grande cauſe, un défenſeur vraiment éloquent puisque la nature lui a donné une tête froide & une ame paſſionnée; il ne prend pas des points interrogants pour des mouvemens oratoires, il ne ſupplée pas avec des rangées de points

au

au vuide des fentimens ou des idées.

Ah Monfieur, au lieu de vous Ele-
ver contre Voltaire, lifez fes ouvrages, ils vous inftruiront, vous pour-
rez y prendre des Leçons de ftile, y
apprendre à fentir la difference qu'on
doit mettre entre un homme qui écrit
pour exprimer ce qu'il penfe & ce qu'il
fent, & un auteur qui veut faire effet
en compilant des phrafes & des figures
de Collége: vous y prendrez des leçons de l'Art des convenances, vous
fentirez par exemple combien vous les
avez bleffées en difant que l'honneur
de la Magiftrature étoit intéreffé à ce
qu'un arrêt fut confirmé; parce que
c'eft l'innocence ou le crime du Comte
de Lally & non l'intérêt du Parlement
qui doit décider les juges & que jamais un plaideur honnête ne dit à fon
juge, vous etes intereffé à me faire
gagner ma caufe; vous fentirez qu'il
eft encore plus contraire aux conve-

nances de dire que les Loix feront renverfées fi un arrêt caffé par le confeil n'eft pas confirmé: vous y prendrez enfin des leçons d'humanité & vous fentirez alors quelle modération, quelle réferve vous devez mettre dans votre attaque contre un fils qui défend fon pere , combien il eft barbare de lui préfenter fans ceffe l'image de fon pere trainé fur un échafaud , de lui parler fans fin de bourreau & de fupplice, vous apprendrez dans Voltaire à étudier nos Loix dans leurs rapports avec la morale univerfelle , avec les droits des citoyens, vous y apprendrez que cette miférable politique qui attache les petits efprits aux préjugés de leur corps, les condamne à être éternellement & fans le favoir l'inftrument des intriguants habiles; vous y verrez les | fanatiques , les enthoufiaftes de tous les genres fe laiffer conduire dans chaque fiècle par deux ou trois fripons

&

& finir par être un objet de mépris &
d'horreur.

Rendu alors à vous même, à la Jus-
teſſe originaire de votre esprit, à la
droiture naturelle de votre cœur, vous
ſentirez que ce qu'il y a dans votre
état de plus respectable, c'eſt le droit
de juger les hommes, & non le moyen
de jouer dans les intrigues de la Cour
un rôle ſubalterne, que votre devoir
eſt de faire respecter la juſtice & non
de rendre la Magiſtrature redoutable.
Vous ne verrez plus les ennemis de la
Magiſtrature dans les mêmes hommes
qui ſe ſont faits des ennemis puiſſans &
implacables en défendant les la Chalotais & les Dupati dans des tems malheureux, qui ont honoré avec enthou-
ſiasme la vertu modeſte de Mr. de
Malsherbes, qui ont célébré le courage du jeune Magiſtrat qui s'eſt rendu
le défenſeur des proteſtans opprimés
ſous des Loix cruelles, vous ſentirez que
le

le même fentiment qui les porte à ché-
rir & respecter les ' Magiftrats vraiment dignes de ce nom, a dû les porter à méprifer des Magiftrats hypocrites & intriguants , à détefter des Magiftrats fanatiques & barbares: vous
verrez quels modeles vous devez fuivre
& quels exemples vous devez éviter
pour obtenir un jour l'eftime publique
la plus flatteufe ; celle qui s'accorde
moins aux talens en eux mêmes qu'à
l'ufage utile & noble qu'on fait des talens.

Défauts constatés sur le document original

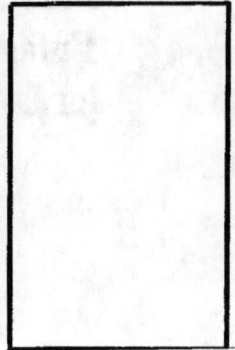

Contraste insuffisant ou différent, mauvaise qualité d'impression

Under-contrast or different, bad printing quality

Texte manquant ou pris dans la reliure; reliure trop serrée

Missing text or text caught in the book-binding; too tight book-binding